Filosofia para crianças

De criança para crianças

Era uma vez!

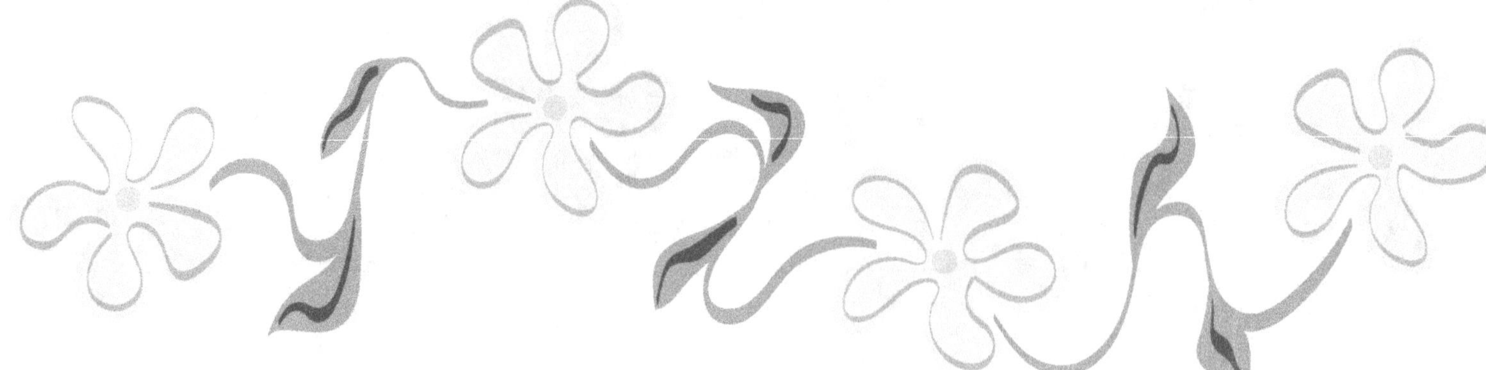

Não ensine o que você não faz!

História para colorir!

Por: Bernardo Octaviano Pereira

Este livro pertence a:

____

Eu dedico essa obra, primeiramente para os meus pais que eu tanto amo, para minhas professoras, para minhas tias de coração e para todos os meus amigos, Deus que abençoe a todos infinitamente!

Bernardo Octaviano Pereira

28/03/2024

Era uma vez, quando o papai do céu, criou o mundo, ele encheu o céu de estrelinhas, as aguas de peixinhos e as matas de animaizinhos encantadores;

Um desses animaizinhos era o caranguejo, que tinha uma peculiaridade: andava de lado, diferente de todos os outros animaizinhos que seguiam em frente.

Envergonhado por sua singularidade, o caranguejo decidiu ensinar seus filhinhos a andar para frente, como a maioria dos outros animaizinhos fazia, com paciência e carinho,

ele compartilhou suas experiências e ensinou os passos para que seus filhinhos aprendessem a andar de maneira convencional. Para a frente, como todos os outros animaizinhos fazia;

Os caranguejinhos, dedicados e curiosos, aprenderão os ensinamentos do papai com entusiasmo, em pouco tempo,

todos estavam caminhando para frente, orgulhosos por serem diferente e terem aprendido algo novo, andar para frente como seu papai ensinou;

No entanto, num dia ensolarado, o papai caranguejo, distraído, começou a andar de lado novamente. Um dos caranguejinhos,

ao observar o papai, achou aquilo interessante e começou a imita-lo. Logo, todos caranguejinhos estavam imitando os passos do papai, andando de lado.

A história nos ensina uma valiosa lição: é importante sermos honesto e coerentes com nossos ensinamentos. Se promovemos algo, devemos pratica-lo também, pois as pessoas, especialmente os mais jovens,

aprende mais com o que fazemos do que o que dizemos. Uma hora eles vão ver que não fazemos o que estamos ensinando, e vão fazer o que a gente faz, e não vão acreditar mais em nos.

A sinceridade e a autenticidade constrói base solida nas relações, enquanto a mentira pode minar a confiança. E o papai caranguejo humildemente, explicou que todos cometemos erros, até mesmo os papais.

Às vezes, mesmo com as melhores intenções, podemos cometer pequenos deslizes. Devemos reconhecer nossos próprios equívocos e, ao invés de esconder ou nega-lo,

Portanto, essa fabula nos ensina a sermos verdadeiros em nossa ações e ensinamentos, cultivando uma base de confiança e respeito uns pelos outros, por isso não devemos mentir! Mas aprender com nossas falhas.

Fim!